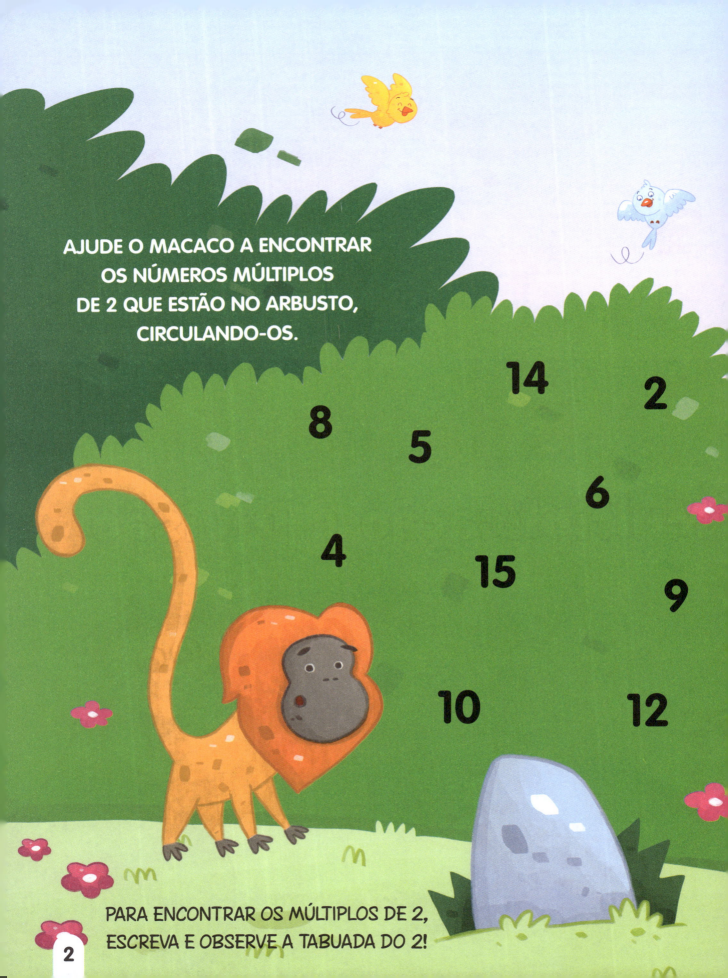

EFETUE OS CÁLCULOS QUE APARECEM NAS NUVENS.

$4 \times 4 =$ _____

$5 \times 5 =$ _____

$7 \times 7 =$ _____

$6 \times 6 =$ _____

$9 \times 9 =$ _____

$8 \times 8 =$ _____

QUAL SERÁ O RESULTADO SE, EM VEZ DE MULTIPLICAR, VOCÊ DIVIDIR ESSES NÚMEROS?

$4 \div 4 =$ _____

$6 \div 6 =$ _____

$7 \div 7 =$ _____

$8 \div 8 =$ _____

OS ELEMENTOS DA DIVISÃO SÃO:

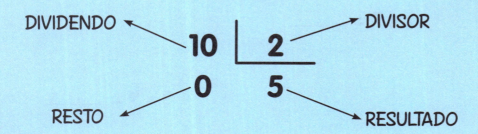

EFETUE AS DIVISÕES E CIRCULE AQUELAS QUE TÊM O RESTO DIFERENTE DE ZERO.

19 | 2

29 | 3

20 | 5

56 | 8

49 | 6

18 | 4

LIGUE CADA PERSONAGEM AO CÁLCULO CORRESPONDENTE AO RESULTADO QUE ELE REPRESENTA.

A CADA 3 DIAS, UMA NOVA GELEIRA
SE FORMA. QUANTAS GELEIRAS VÃO
SE FORMAR EM 5 DIAS?

_____ x _____ = _____

A MAMÃE URSA PESCA
2 PEIXES POR DIA PARA
ALIMENTAR SEU FILHOTE.
QUANTOS PEIXES ELA
VAI PESCAR EM 8 DIAS?

_____ x _____ = _____

O PINGUIM FEZ 7 MONTES COM 8 BOLINHAS DE GELO EM CADA. QUANTAS BOLINHAS DE GELO ELE FEZ?

_____ x _____ = _____

OS URSOS POLARES FARÃO UMA VIAGEM DE 5 DIAS. A CADA DIA VÃO CAMINHAR 6 QUILÔMETROS. QUANTOS QUILÔMETROS ELES VÃO ANDAR?

_____ x _____ = _____

EFETUE OS CÁLCULOS E LIGUE AQUELES QUE TÊM O MESMO RESULTADO.

35 | 7

36 | 9

12 | 6

50 | 10

32 | 4

12 | 3

64 | 8

30 | 10

18 | 9

A DIVISÃO É A OPERAÇÃO CONTRÁRIA DA MULTIPLICAÇÃO.

ENCONTRE NO ASTEROIDE O NÚMERO QUE FALTA EM CADA CÁLCULO.

ESCREVA OS NÚMEROS QUE COMPLETAM AS MULTIPLICAÇÕES QUE ESTÃO NO RIO.

_____ × 8 = 24

_____ × _____ = 36

_____ × _____ = 45

_____ × _____ = 18

_____ × _____ = 48

9 × _____ = 54

_____ × _____ = 63

ESCREVA OS NÚMEROS MÚLTIPLOS DE 10 NAS ÁRVORES.

10   40   80   100

____ x ____ = 42

2 x ____ = 8

____ x ____ = 15

____ x ____ = 30

3 x ____ = 21

O FAZENDEIRO CARLOS TINHA 45 SACOS DE SEMENTES E OS DISTRIBUIU POR 5 CAMPOS. QUANTOS SACOS ELE USOU EM CADA CAMPO?

_____ ÷ _____ = _____

PARA ORGANIZAR SUA PLANTAÇÃO, CARLOS E RITA PLANTARAM 64 SEMENTES EM 8 FILEIRAS. QUANTOS VEGETAIS VÃO NASCER EM CADA FILEIRA DA PLANTAÇÃO?

_____ ÷ _____ = _____

JONAS COMPROU 36 BISCOITOS PARA TOTÓ, MAS O CÃOZINHO SÓ PODE COMER 4 BISCOITOS POR DIA. QUANTOS DIAS VÃO DURAR ESSES BISCOITOS?

_____ ÷ _____ = _____

RITA SEPAROU 15 FRUTAS PARA SEREM DIVIDIDAS ENTRE 3 PESSOAS. QUANTAS FRUTAS CADA UM VAI RECEBER?

_____ ÷ _____ = _____

EFETUE AS DIVISÕES E LIGUE ÀS RESPOSTAS QUE ESTÃO NO GRAMADO.

16 | 4

4 | 2

25 | 5

36 | 6

81 | 9

64 | 8

4
2
5
6
9
8